LA FLOR FLOWER
WEDDING BOUQUET

저자 임샛별

취미로 시작한 꽃을 계기로 LA FLOR FLOWER를 운영하고 있는 플로리스트. '누구나 쉽게 즐길 수 있는 심플한 꽃'을 목표로 꽃집 운영과 플라워 클래스를 진행하고 있다. 취미반부터 창업반까지 다양한 종류의 클래스를 진행하면서 만들어낸 작품 사진들로 SNS상에서 14만 명이 넘는 팔로워들에게 사랑받고 있다. 저서로 『Everyday Flowers : 일상의 꽃』이 있다.

인스타그램 @laflorflower

LA FLOR FLOWER
WEDDING BOUQUET
라플로르 플라워
웨딩 부케

초판 1쇄 인쇄	2021년 8월 16일
초판 1쇄 발행	2021년 8월 30일

지은이	임샛별	주소	경기도 부천시 조마루로385번길 122 삼보테크노타워 2002호
펴낸이	한준희		
발행처	(주)아이콕스	홈페이지	http://www.icoxpublish.com
		인스타그램	@thetable_book
기획·편집	박윤선	이메일	thetable_book@naver.com
디자인	김보라	전화	032) 674-5685
사진	박성영(parkgoon photography)	팩스	032) 676-5685
영업·마케팅	김남권, 조용훈, 문성빈	등록	2015년 7월 9일 제 386-251002015000034호
영업관리	김진아, 손옥희	ISBN	979-11-6426-181-9 (13630)

○ 더테이블은 '새로움' 속에 '가치'를 담는 (주)아이콕스의 취미·실용·예술 출판 브랜드입니다.

○ 이 책은 저작권법에 따라 보호받는 저작물이므로 무단 전재 및 복제를 금하며, 이 책 내용의 전부 또는 일부를 이용하려면
반드시 저작권자와 (주)아이콕스의 서면 동의를 받아야 합니다.

○ 잘못된 책은 구입하신 서점에서 바꾸어드립니다.

○ 책값은 뒤표지에 있습니다.

LA FLOR FLOWER
WEDDING BOUQUET

라플로르 플라워
웨딩 부케

임샛별 지음

더 테이블
THE TABLE

PROLOGUE

꽃집을 시작할 때 내가 어떤 것에 집중하면 꽃집 일을 재미있게 잘할 수 있을까에 대해 많이 고민했던 것 같아요. 로드샵, 웨딩컨설팅, 교육, 조경, 설치예술 등 다양한 분야에서 활동하고 계신 많은 플로리스트 분들 사이에서 과연 내가 잘할 수 있는 게 뭘까?

그래서 내성적인 저의 성격이나 체력적인 조건들을 고려했을 때 외부에서 하는 작업들보다는 라플로르를 성실하게 운영하면서 소수의 분들과 나만의 클래스를 열심히 해보자! 이런 목표를 세웠어요.

매일 다양한 종류의 꽃 상품들을 만들고 판매하지만 그중에서도 웨딩 부케 제작은 하면 할수록 잘하고 싶고 욕심이 났던 분야였습니다. 맨 처음 혼자 연습했던 흰색 튤립으로만 잡은 부케가 아직도 기억이 나는데요. 지금 생각해보면 특별할 것도 없고 아주 간단히 만들 수 있는 부케였는데 그때의 기억이 생생한 걸 보면 혼자 연습하던 그 순간이 저에겐 참 강렬했던 것 같습니다.

이 책에는 제가 부케를 만들 때 느꼈던 어려움이나 깨달음이 무엇이었나 되짚어보면서 불쑥불쑥 생각난 느낌들을 풀어내보려 했습니다. 책에 담은 수십 개의 부케들은 라플로르에서 기존에 많이 보여드렸던 부케 디자인 외에도 제가 자주 사용하지 않던 꽃과 소재를 사용한 디자인을 다수 담았습니다. 어렵고 거창하기보다는 저처럼 부케가 좋아 이 책을 접하게 된 분들께 작은 도움이라도 드릴 수 있는 책이 되기를 바라는 마음으로 작업했습니다.

지금까지 저를 믿고 부케를 맡겨주신 신부님들 덕분에 좋은 기회로 제가 다시 한번 책을 쓸 수 있게 되었습니다. 정말 감사드려요. 그리고 평생에 단 한 번, 뜻 깊은 날 부케로 함께 하게 되어 영광이었습니다.

마지막으로 항상 격려와 배려로 제 안의 틀을 깰 수 있게 도와주신 더테이블 출판사 박윤선 팀장님께도 감사의 말을 전합니다. 저에겐 정말 잊지 못할 시간이었습니다.

2021년 8월, 저자 임샛별

CONTENTS

PROLOGUE ……… 5

LA FLOR FLOWER 웨딩 부케

01. 꽉 찬 하트로 표현하는 사랑의 마음, 프러포즈 하트 핸드타이드 ……… 12
02. 두꺼운 히아신스를 잘 다루는 방법, 블루 히아신스 부케 ……… 18
03. 가벼워서 더 좋은, 안스리움 부케 ……… 24
04. 착생 식물을 활용한, 포인트 부케 ……… 30

05. 웨딩 촬영을 빛내줄 액세서리 포인트, 헤어피스 ……… 36
06. 시들지 않는, 프리저브드 헤어피스 ……… 41
07. 버진 로드와 신부 대기실 장식으로 좋은, 웨딩 테이블 센터피스 ……… 42
08. 만개해도 예쁜, 작약 부케 ……… 46

    ＊ 부케 줄기 연출법 1 ……… 52

09. 우아한 순백의 부케를 찾는 신부님께, 마릴린먼로장미 부케 ……… 54

   * 부케 줄기 연출법 2 ……… 58

10. 시들 걱정 없고 모양 수정도 쉬운, 실크플라워 부케 ……… 60

   * 부케 줄기 연출법 3 ……… 66

11. 한 가지 색으로 완성하는, 다알리아와 튤립 믹스 부케 ……… 70

   * 부케 줄기 연출법 4 ……… 76

12. 파란색 꽃을 좋아하는 신부님들께, 델피니움 와일드 부케 ……… 78

13. 여름에 들어도 더워 보이지 않는, 붉은 색감의 여름 부케 ……… 84

14. 빈티지한 색감을 살린, 핑크 부케 ……… 90

15. 꽃 위를 나는 나비처럼, 클레마티스와 유포르비아 믹스 부케 ……… 96

   * 부케 줄기 연출법 5 ……… 102

16. 야외에서 더 빛나는, 와일드 빈티지 부케 ……… 104

   * 부케 줄기 연출법 6 ……… 110

17.　하객을 위한, 웨딩 체어 장식　……… 112
　　＊ 치킨와이어로 플로럴폼을 감싸는 방법과 사용 예　……… 118
18.　자투리 소재와 꽃을 활용한, 소재 부케　……… 120
19.　야외 웨딩 촬영에 잘 어울리는, 들꽃 부케　……… 122
20.　자유분방한 느낌과 라인감을 살린, 핑크 믹스 부케　……… 130

21.　작약과 히아신스로 만드는, 믹스 부케　……… 136
22.　스위트피와 카탈리나장미로 만드는, 믹스 부케　……… 142
23.　한 가지 색감으로 만드는, 핑크 믹스 부케　……… 148

24.　심플한 구성의, 튤립 부케　……… 156
　　＊ 꽃잎 뒤집기　……… 162
25.　다양한 컬러의 조화, 비비드 부케　……… 166

26. 와이어를 사용하지 않는, 장미 드롭 부케 ……… 174

　　* 드롭 부케에 적합한 장미 고르기 ……… 179

　　* 스탠다드 타입과 스프레이 타입 장미 비교 ……… 180

27. 겨울에만 만날 수 있는 초콜릿 향기, 온시디움 환타지아난과 카라 믹스 부케 ……… 182

　　* 부케 줄기 연출법 7 ……… 188

28. 보색으로 대비되는, 블루 & 옐로우 믹스 부케 ……… 190

29. 작아도 존재감은 확실한, 은방울꽃 부케 ……… 196

　　* 은방울꽃 물 올리는 법 ……… 200

　　* 은방울꽃 고르는 방법 ……… 200

30. 다양한 조합으로 완성하는, 코사지 ……… 202

　　* 코사지 부착 재료들 ……… 204

31. 흔하지 않은 특별함, 호접란 부케 ……… 206

32. 거베라와 튤립으로 완성하는, 그룹핑 부케 ……… 214

33. 여백의 미, 덴드롱 그린 부케 ……… 216

　　* 절화 시장에는 없는 꽃들 활용하기 ……… 222

LA FLOR FLOWER
웨딩 부케

01.

Propose Heart Hand Tied

꽉 찬 하트로 표현하는 사랑의 마음
프러포즈 하트 핸드타이드

라플로르를 찾는 고객님들 중 특별한 선물을 원하는 분들이 많이 고르시는 하트 꽃다발이에요. 많은 분들이 제작 과정을 궁금해 하시는 꽃다발이기도 하고요. 이 하트 꽃다발로 프러포즈를 받고 결혼 후 제 클래스를 들으러 오신 수강생 분과의 인연이 있는 디자인이기도 합니다. 사진을 자세히 찍어두었으니 흥미롭게 봐주세요.

Materials
곱슬버들
푸에고장미 3단

Tools
바인딩와이어
플로럴테이프
꽃가위
리본

How to make

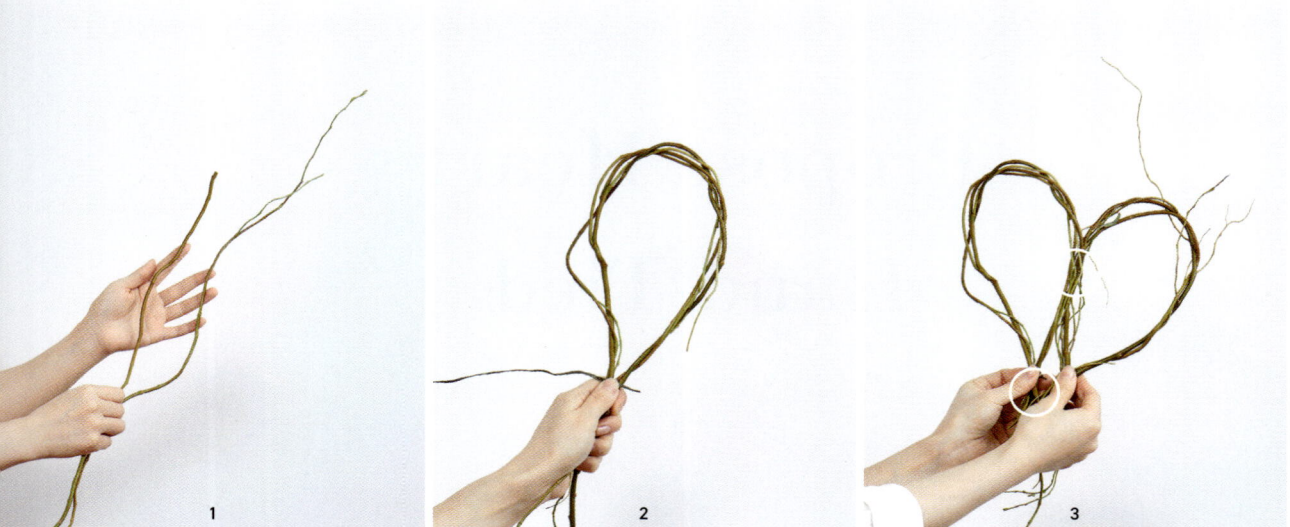

1. 곱슬버들 두 줄기를 사용합니다. 두 줄기를 합쳤을 때 최대한 두께가 일정하도록 줄기의 굵은 방향과 얇은 방향을 교차로 잡아줍니다. 이렇게 방향을 다르게 잡아야 휘어지기 쉽습니다. 곱슬버들은 마르지 않은 상태의 나무를 사용합니다.

2. 부러지지 않을 정도의 적당한 힘으로 반쪽 하트를 만들어 바인딩와이어로 묶어줍니다.

3. 같은 방법으로 나머지 반쪽 하트를 만들어줍니다. 하트 모양이 잘 나오게 겹쳐 바인딩와이어로 하트의 끝과 중간을 묶어줍니다. 반쪽 하트 모양 두 개가 같은 크기가 되도록 해야 만들기 쉽습니다.

4. 이제부터 완성될 때까지 모든 과정은 테이블에 하트 프레임을 내려놓은 상태로 진행합니다.

01.

5-1

5-2

6

5. 장미를 넣을 때는 대칭이 맞도록 양쪽을 번갈아가며 채워줍니다.

6. 장미가 곱슬버들의 경계를 벗어나거나 넣어준 위치에서 움직이지 않도록 왼손으로 장미를 단단히 잡고 작업합니다.

7. 모양이 완성되었다면 플로럴테이프로 묶어줍니다.

7

How to make

8

8. 줄기는 적당한 길이로 가지런히 자르고 리본으로 마무리해 완성합니다.

LA FLOR Lesson

하트 모양을 좌우로 나누었을 때 대칭이 되는 쪽의 장미들은 크기가 비슷한 것을 사용해야 완성되었을 때도 대칭이 맞는 하트 모양의 핸드타이드로 완성이 되어요. 장미는 여유 있게 준비해 상태가 좋은 것들로 골라 사용하세요. 장미의 줄기가 너무 두꺼우면 작업이 어려우니 너무 두꺼운 줄기의 장미는 구입하지 않는 것이 좋아요.

02.

Blue Hyacinth Bouquet

두꺼운 히아신스를 잘 다루는 방법
블루 히아신스 부케

푸른 히아신스와 잔잔하고 사랑스러운 꽃들을 모아 만든 부케예요. 여기에 라벤더까지 더해진 이번 부케는 향기만으로도 오래 기억될 거예요.

Materials
- 히아신스
- 옥시페탈룸(블루스타)
- 용담초
- 풍선초

- 라벤더
- 헬레보루스
- 쓰리토메인

Tools
- 지철사(23호, 27호)
- 플로럴테이프
- 투명테이프
- 꽃가위
- 리본
- 진주핀

How to make

1. 적당히 핀 히아신스를 준비해 불필요한 잎을 제거합니다.

2. 완전히 핀 히아신스는 무게감이 있어 잘 휘거나 부러지므로 와이어링 작업으로 줄기를 보강합니다. 23호 지철사를 히아신스 꽃 근처에 사선으로 통과시킵니다.

3. 23호 지철사가 들어간 히아신스 줄기를 27호 지철사로 감아 정리합니다.

4. 플로럴테이프로 줄기를 감아줍니다.

5. 준비한 히아신스 세 대를 중앙에 모아 잡고 주변에 옥시페탈룸, 용담초 등 푸른 계열의 꽃들을 한 번 더 덧대어 플로럴테이프로 묶어줍니다. 바인딩은 꼭 마지막에 해야 하는 것은 아니며 중간중간 묶어가며 작업하면 모양 유지가 쉽습니다.

6. 이번 히아신스 부케는 높낮이의 변화가 크지 않은 비교적 평평한 형태이므로 풍선초○나 라벤더, 쓰리토메인 등의 가느다란 꽃과 소재로만 높이감을 주고 나머지 꽃들은 히아신스와 비슷한 높이로 잡아줍니다.

7. 꽃을 평평하게 잡은 대신 아랫부분에 헬레보루스○를 넣어 흐르는 라인을 연출합니다.

How to make

8. 마지막으로 다른 꽃들과 길이 차이가 많이 나는 히아신스 줄기 처리가 남았습니다. 8-1번 상태로 리본 처리를 하면 들쭉날쭉한 줄기가 정돈되어 보이지 않으니, 적당한 두께의 나뭇가지들이 있다면 8-2번 사진처럼 히아신스 주변에 덧대어 짧은 히아신스 줄기를 커버합니다.

9. 리본으로 줄기를 여러 번 감고 리본 처리 없이 한 쪽을 늘어뜨린 후 진주핀으로 고정해 완성합니다.

LA FLOR Lesson

꽃이 천천히 피는 히아신스는 원하는 만큼 피운 상태로 부케를 제작할 수 있도록 미리 구입하세요. 대부분의 히아신스 절화는 줄기가 짧으니 최대한 길고 너무 가늘지 않은 히아신스를 구입하는 것이 좋아요. 수입 히아신스는 사계절 내내 시장에 유통되지만, 폭염이 지속되는 여름철에는 줄기나 꽃이 무르는 등 상태가 좋지 않은 경우가 많기 때문에 온도가 높은 여름철에는 신부님들께 추천하지 않습니다.

03.

Anthurium Bouquet

가벼워서 더 좋은
안스리움 부케

부담스럽지 않은 무게감과 흐르는 듯한 모양이 아름다운 부케예요. 일자로 눕혀 들어도, 세워 들어도, 우아하게 연출이 가능해요.

Materials
- 클레마티스 와이어
- 카라
- 안스리움
- 미니 글라디올러스
- 페니쿰
- 루스커스

Tools
- 플로럴테이프
- 꽃가위
- 리본

How to make

1. 꽃이 적당히 달린 클레마티스 와이어를 다듬고 잎을 깔끔하게 정리합니다.

2. 카라의 잎은 꽃 높이의 1/2 지점 정도에서 접어 뒤집어줍니다. 물 올림이 잘 된 카라는 뻣뻣해서 뒤집었다가도 금세 펴지니 미리 화병에서 빼두었다가 작업하면 좋습니다.

3. 접은 카라 네다섯 송이와 안스리움을 함께 잡아 묶어줍니다.

4. 다듬어둔 1의 클레마티스 와이어와 미니 글라디올러스, 페니쿰을 카라와 안스리움 중간에 넣어줍니다.

5. 꽃이 더 잘 보이도록 바탕 역할을 할 루스커스를 꽃들의 빈 곳에 채워줍니다.

6. 보통의 부케 줄기는 리본으로 커버하지만 여기에서는 클레마티스 꽃과 잎으로 줄기를 자연스럽게 커버해 부케 전체를 꽃으로 연출합니다.

How to make

7-1

7-2

8

9

7. 정방향의 줄기들은 동일한 길이로 자르고, 역방향의 돌출된 클레마티스 와이어는 자연스럽게 휘어줍니다.

8. 튀지 않는 색감의 얇은 리본으로 클레마티스 꽃이 눌리지 않게 줄기 쪽 두세 군데를 감아 마무리합니다.

9. 원하는 라인이 나올 수 있게 카라와 클레마티스 줄기 방향을 휘어 완성합니다.

04.

Point Bouquet

착생 식물을 활용한
포인트 부케

보통 늘어지는 라인감을 살려주는 소재로 스마일락스, 줄아이비, 아스파라거스를 많이 사용하는데요, 이번에는 라플로르 매장에서 판매 중인 디시디아버튼의 줄기 몇 개를 이용해 부케를 만들어볼게요. 꽃시장에서 판매하는 식물들뿐 아니라 주변 식물들까지 활용하면 더 특별한 부케를 만들 수 있어요.

Materials
왁스플라워
블러싱브라이드
쓰리토메인
맨스필드파크장미
디시디아버튼

Tools
플로럴테이프
꽃가위
리본
진주핀

How to make

1. 왁스플라워 꽃이 잘 보이도록 위쪽의 뾰족한 꽃봉오리를 다듬어줍니다.

2. 블러싱브라이드의 벌어진 꽃봉오리들을 플로럴테이프로 모아줍니다.

3. 블러싱브라이드-쓰리토메인-블러싱브라이드의 순서로 한 번씩 번갈아가며 모아줍니다.

4. 스프레이 타입의 맨스필드파크장미를 중간중간 끼워 빈 곳을 채워줍니다.

04.

5. 비어 있는 부케 아랫부분을 다듬어둔 1번 사진처럼 왁스플라워로 둘러줍니다.

6. 모양이 완성되면 바인딩한 후 부케 아랫부분에 디시디아버튼을 덧대어 늘어뜨려줍니다.

7. 리본 처리가 과할 경우 디시디아버튼이 잘 부각되지 않으니 약 3cm 두께의 리본으로 줄기를 심플하게 감아 마무리합니다.

How to make

8. 줄기를 감고도 리본이 남았다면 자르지 않고 한 쪽에 포인트를 주어도 좋습니다.

9. 살짝 기울여 디시디아버튼의 늘어지는 길이감을 확인하고 길이를 조정해 완성합니다.

05.

Hairpiece

웨딩 촬영을 빛내줄 액세서리 포인트
헤어피스

보통 시장에서 판매하는 헤어핀대를 사용해도 좋지만 철사를 이용해 헤어피스를 만들면 구부릴 수 있어 헤어의 변형이 훨씬 자유로워져요. 제작 과정도 간단하니 연습하고 남은 짧은 꽃들을 활용해 꼭 한번 만들어보세요.

Materials	Tools
피어리스 카네이션 피토스 설유잎	지철사(23호, 27호) 릴와이어 꽃가위

How to make

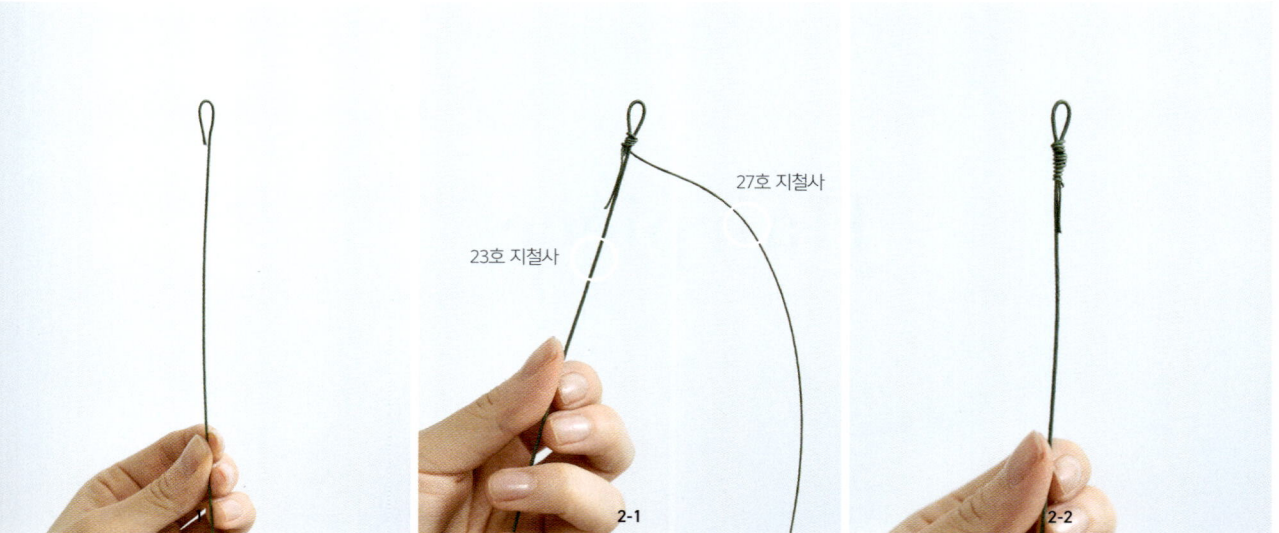

23호 지철사　27호 지철사

2-1　2-2

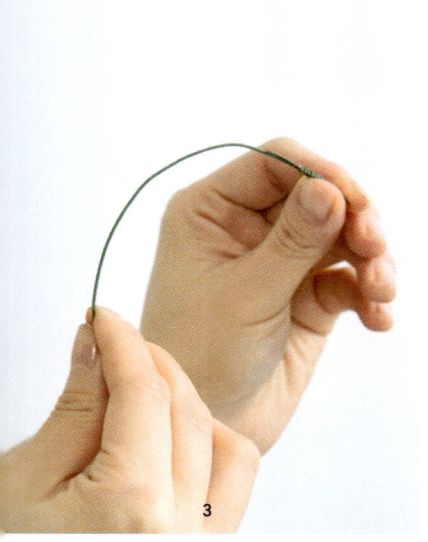

1.　23호 지철사(또는 적당한 두께의 지철사) 끝부분을 말아 고리를 만들어줍니다.

2.　고리가 풀리지 않게 27호 지철사로 깔끔하게 감아 고정합니다.

3.　살살 휘어보면서 헤어피스의 전체 크기를 결정합니다.

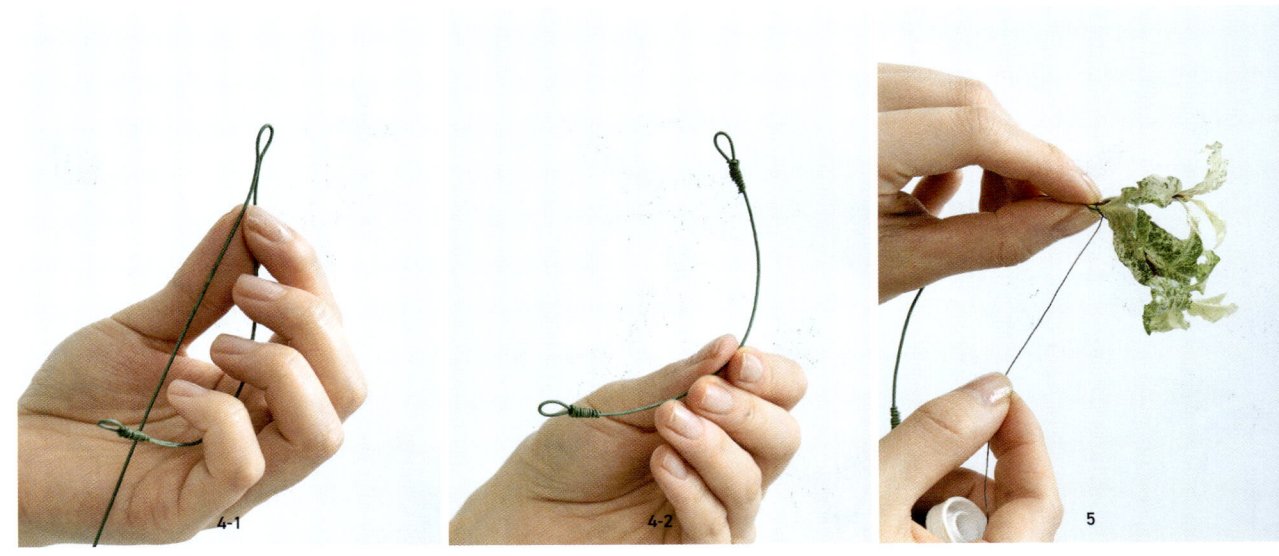

4. 반대쪽 고리도 동일한 방법으로 깔끔하게 마감합니다.

5. 짧게 잘라둔 꽃들을 차례대로 고리의 한 쪽 끝에서부터 릴와이어로 감아줍니다.

LA FLOR Lesson

릴와이어는 바느질을 할 때의 실과 같은 역할을 해요. 작품을 완성할 때까지 끊지 않고 사용해요.

How to make

6. 일자로 차곡차곡 꽃을 덧대어줍니다. 준비한 꽃들의 특징을 살려 높낮이의 변화를 줍니다.

7. 반대편 고리 끝까지 꽃들을 모두 덧대고 남은 릴와이어를 고리에 여러 번 감아 풀리지 않게 마감해 완성합니다.

LA FLOR Lesson

물 처리가 어려운 생화 헤어피스는 금방 시들 수 있으니 헤어핀을 사용하는 시점에 따라 꽃이나 소재가 물내림이 빠른 것들은 피하는 것이 좋아요. 때문에 실제 헤어피스를 사용하는 시간에 맞춰 갓 만든 헤어피스가 가장 좋지만, 신부의 머리에서 시간이 흐름에 따라 자연스럽게 처지는 꽃들의 느낌도 충분히 로맨틱할 거예요.

06.

시들지 않는
프리저브드 헤어피스

앞서 설명했던 기성용 헤어핀을 사용한 프리저브드 헤어피스예요. 별도의 와이어링 없이 글루건만으로 간편하게 만들 수 있다는 점과 비교적 영구적인 사용이 가능하다는 장점이 있어요. 프리저브드 재료들의 컬러를 잘 선택하면 생화와는 또 다른 은은한 색감의 근사한 헤어피스를 만들 수 있어요.

07.

버진 로드와 신부 대기실 장식으로 좋은
웨딩 테이블 센터피스

Materials

카바렛장미	공작초
사루비아	리젠트파크장미
여뀌	소국
튤립	벌개미취
당근초	플록스
수국	

여러 조각으로 나눈 긴 센터피스는
활용도가 아주 높아요.
테이블에 멋스럽게 하나만 두어도
훌륭한 파티 장식이 될 수 있고,
길 양쪽에 웅장하게 이어주면
멋진 결혼식의 버진 로드로 변해요.

본 책에 나오는 센터피스는 색상의 제약을 두지 않고
다양한 종류의 꽃을 사용했어요.
일반적으로 꽃을 사입할 때 많이 피어 있지 않은
상태의 것을 선호하지만 특정 행사나 웨딩에 사용하는 꽃은
사용하는 시점에 가장 탐스럽게 만개할 수 있도록
적당히 피어 있는 것을 사용하기도 해요.

08.

Peony Bouquet

만개해도 예쁜
작약 부케

온도에 민감한 작약은 만개했을 때 모양의 변형이 많아 생각했던 것보다 예쁘지 않은 경우가 많아요. 이번에는 작약이 만개해도 델피니움과 자연스럽게 어우러지며 예쁘게 보일 수 있는 부케를 만들어볼게요.

Materials
작약
델피니움
루스커스
유니폴라
엄브렐라펀

Tools
투명테이프 또는 바인딩와이어
꽃가위
리본

How to make

1. 작약 두 송이를 일자로 잡습니다.

2. 작약의 양쪽으로 델피니움과 루스커스를 끼워줍니다.

3. 오른쪽에 유니폴라 한 줄기를 높게 넣고 아래쪽으로 작약을 추가합니다.

4. 작약은 얼굴이 큰 편이라 꽃과 꽃 사이에 빈틈이 많이 생기니 포갠 작약의 틈에 델피니움을 넣고 높이감을 주고 싶은 곳에는 유니폴라를 채워줍니다.

5. 작약 다섯 송이의 위치는 사방에 한 송이씩, 정중앙 위에 한 송이로 총 다섯 송이입니다.

6. 델피니움이 많아 자칫 지저분해 보일 수 있는 곳의 옆이나 빈 곳에는 루스커스를 깔끔하게 채워줍니다.

7. 전체적으로 둥근 형태가 되도록 작약과 델피니움의 높이를 조정합니다.

How to make

8. 엄브렐라펀의 잎을 세 개 정도만 남기고 잘라줍니다.

9. 엄브렐라펀을 살짝 모아 왼쪽 하단에 넣어줍니다.

10. 투명테이프나 바인딩와이어 등 편한 것으로 줄기를 묶어줍니다.

11. 바인딩한 상태로 엄브렐라펀 잎의 간격과 길이를 적절하게 조정해 완성합니다.

부케 줄기 연출법 1
How to wrap a bouquet #1

얇고 폭이 넓은 리본으로 부케 줄기를 4~5cm 정도 커버합니다.

매듭을 한 번 지어줍니다.

리본을 만들어줍니다.

여기서 마무리해도 좋고, 리본이 길게 남았다면 자르지 말고 고리를 하나 더 만들어 볼륨감을 주어도 좋습니다.

불필요한 줄기는 부케 디자인에 어울리는 길이로 잘라 마무리합니다.

09.

Marilyn Monroe Rose Bouquet

우아한 순백의 부케를 찾는 신부님들께

마릴린먼로장미 부케

한 송이만으로도 아주 진한 향에 깜짝 놀라는 마릴린먼로장미 부케를 준비했어요. 크기가 큰 장미라 6~7송이 정도만 있으면 적당한 크기의 부케를 만들 수 있어요.

Materials
- 헬레보루스
- 마릴린먼로장미
- 클리츠
- 스카비오사(옥스포드)

Tools
- 플로럴테이프
- 꽃가위
- 양면테이프
- 리본
- 진주핀

How to make

1. 꽃을 가리는 헬레보루스의 큰 잎을 정리합니다.

2. 1의 헬레보루스, 마릴린먼로장미 두 송이, 약간의 클리츠°를 모아 잡아줍니다.

3. 스카비오사를 마릴린먼로장미 옆에 하나씩 넣어줍니다.

4. 마릴린먼로장미 한 송이와 헬레보루스 한 줄기를 더 넣어줍니다.

09.

5. 위에서 봤을 때 풍성한 원형이 되도록 꽃을 더 넣어줍니다.

6. 부케의 아래쪽도 둥글게 채워줍니다. 한두 송이 정도는 길게 올려도 좋습니다.

7. 한 쪽 꽃을 길게 빼주면 비스듬하게 들었을 때도 자연스럽게 떨어지는 라인감을 줄 수 있습니다.

8. 하단의 헬레보루스가 아래 방향으로 떨어지도록 줄기를 휘어 완성합니다. 마리린먼로장미가 돋보일 수 있게 나머지 꽃들은 다시 한 번 높낮이를 조절해줍니다.

부케 줄기 연출법 2

How to wrap a bouquet #2

예쁘게 리본 묶는 것이 어려운 분들에게 좋은 방법입니다. 두꺼운 리본을 준비해 한 쪽 끝에 양면테이프를 붙여 바인딩 포인트에 고정합니다.

같은 지점에 여러 번 감고 마지막은 한 번 꼬아줍니다.

남은 리본에는 진주핀 서너 개를 꽂아 풀리지 않게 고정하고 적당한 길이로 잘라 마무리합니다.

10.

Silk Flower Bouquet

시들 걱정 없고 모양 수정도 쉬운

실크플라워 부케

여름이나 겨울에 야외 웨딩 촬영을 하는 신랑, 신부님께는 생화보다 날씨의 영향을 받지 않는 실크플라워를 추천해요. 실크플라워는 우리가 흔히 부르는 조화를 말하는데요, 요즘은 정교하게 만들어진 실크플라워가 많아 사진 촬영용으로 충분히 아름다운 부케를 만들 수 있답니다.

Materials
다양한 종류의 실크플라워
(헬레보루스, 장미,
네프롤레피스, 라넌큘러스,
은방울꽃, 스마일락스)

Tools
플로럴테이프
리본
진주핀
실크플라워 전용 꽃가위

* 실크플라워의 줄기는 두꺼운 철사로 되어 있어 일반 꽃가위로는 철사 절단이 어렵고, 날을 망가뜨리는 원인이 되기도 하니 꼭 실크플라워 전용 도구를 사용하세요.

How to make

1. 준비한 실크플라워를 하나하나 소분해 준비합니다.

2. 꽃의 전체적인 형태와 볼륨감을 생각하며 필요 시 철사를 구부려 사용하면서 하나씩 덧대어줍니다.

3. 아래로 처지는 느낌을 주기 위해 90° 이상의 각도로 꺾은 헬레보루스를 아래쪽에 넣어줍니다.

4. 불필요한 가지는 잘라줍니다.

5. 큰 사이즈로 준비한 장미는 조금 더 자연스러운 느낌을 주기 위해 꽃잎 일부를 뒤집어 사용합니다.

6. 장미 외 준비한 꽃들을 모두 넣었다면 플로럴테이프로 묶어 고정합니다.

7. 철사를 잘라 길이를 정리합니다. 사선이 아닌 일자로 잘라 최대한 날카롭지 않게 합니다. 철사 쪽 아랫면을 리본으로 감싸 긁힘을 방지해도 좋습니다.

How to make

8-1　　　　　　　　　　8-2

8.　　앞, 뒤, 양옆의 형태를 확인하고 취향에 따라 구부려 모양을 다듬은
　　　　후 리본과 진주핀으로 완성합니다.

부케 줄기 연출법 3

How to wrap a bouquet #3

2~3cm 두께의 리본으로 줄기를 한 번 감아 매듭 처리를 합니다.

얇은 망사 광폭 리본을 지그재그로 접어 매듭 처리한 ①의 리본 위에 얹어줍니다.

망사 리본 위로 ①에서 사용한 리본을 한 번 더 묶어 고정합니다.

두 가지 리본의 길이를 취향에 맞게 정리해 마무리합니다.

뭉친 망사 리본은 조금 풀어주어도 자연스러운 연출이 됩니다.

부케를 연습하는 분들이라면 부케의 옆 처리, 여러 각도에서의 느낌도 많이 궁금하실 거예요.
다양한 각도에서 바라본 부케의 모습입니다.

11.

Dahlia & Tulip Mix Bouquet

한 가지 색으로 완성하는
다알리아와 튤립 믹스 부케

얼굴이 큰 다알리아와 같은 색감의 튤립을 이용한 심플한 디자인의 부케예요. 두세 가지의 매스 플라워만 잘 매치하면 어렵지 않게 완성할 수 있어요.

Materials	Tools
다알리아	투명테이프
튤립	양면테이프
아네모네	꽃가위
에리카	리본
레드 스키미아	진주핀
잎안개	

How to make

1. 다알리아, 튤립, 아네모네를 한 송이씩 잡아 삼각형 모양으로 만들어 줍니다.

2. 세 가지 꽃을 기준으로 잡고 다알리아와 튤립을 양쪽 옆으로 길게 넣어줍니다.

3. 다알리아의 얼굴은 서로 다른 방향으로 맞춰줍니다.

4. 에리카와 레드 스키미아 잎은 잘 다듬어 적당한 위치에 넣어줍니다.

11.

5. 레드 스키미아를 중앙 하단에 넣어 부케의 아랫부분 라인을 고르게 만들어줍니다.

6. 잎안개°는 잘 보이도록 다른 꽃들보다 조금 더 높게 넣어줍니다.

7. 남은 꽃들을 빈 곳에 채워줍니다.

How to make

8. 잎안개의 높이와 부케 하단의 매끄러운 라인은 사진을 참고합니다.

9. 부케 꽃의 길이와 비슷한 비율의 길이로 줄기를 잘라 완성합니다.

물 올림이 덜된 다알리아의 예쁜 얼굴을 보려면
기다림이 필요해요. 하루 이상 충분히 물에 담가주면
통통하게 모양이 잡힌 예쁜 다알리아를 볼 수 있으며,
충분한 물 올림 후 부케에 사용하면 모양을 잡기가 훨씬 더 쉬워요.

부케 줄기 연출법 4

How to wrap a bouquet #4

1. 폭이 넓은 리본을 부케 줄기에 사진처럼 꼬아 줍니다.

2. 진주핀으로 리본을 한 번 고정합니다.

3. 동일한 방법으로 리본을 한 번 더 만들어 볼륨 감을 주고 진주핀으로 고정한 후 리본을 잘라 줍니다.

4. 줄기를 커버할 같은 리본을 준비해 한 쪽 끝에 양면테이프를 붙여줍니다.

양면테이프를 붙인 리본의 한 쪽 끝을 줄기에 붙이고 아랫부분부터 타이트하게 감아줍니다.

③의 모양 낸 리본의 아랫부분까지 꼼꼼하게 감아줍니다.

부케의 뒷면에서 리본 끝을 안으로 살짝 접어 마감합니다.

진주핀으로 고정합니다.

12.

Delphinium Wild Bouquet

파란색 꽃을 좋아하는 신부님께
델피니움 와일드 부케

파란색을 좋아하는 신부님께 추천하는 부케예요. 수많은 꽃 중에서도 유독 파란색의 꽃은 종류가 많지 않지만, 파란색 꽃의 부케를 찾는 신부님이라면 추천하고 싶은 델피니움과 엘엔지움의 조합이에요.

Materials
- 엘엔지움
- 델피니움
- 피토스
- 냉이초
- 아미초

Tools
- 바인딩와이어
- 투명테이프
- 꽃가위
- 리본

How to make

1. 잎을 깨끗하게 제거한 엘엔지움 두 줄기를 나란히 잡아줍니다.

2. 델피니움 두 대를 엘엔지움 옆에 넣어줍니다.

3. 냉이초와 피토스를 꽃 사이에 채워 넣어줍니다.

4. 델피니움을 뭉치지 않게 넣고 피토스로 푸릇한 색감을 더해줍니다.
   큰 사이즈의 부케이므로 바인딩 포인트는 아래쪽으로 잡아줍니다.

5. 아미초는 줄기가 얇기 때문에 꽃 사이로 넣어 처지지 않도록 잘 받쳐줍니다. 아미초가 잘 들어갈 수 있도록 꽃을 잡고 있는 손에 힘을 살짝 풀어줍니다.

6. 취향에 따라 남을 꽃을 추가해 풍성하게 완성합니다.

Red Color Summer Bouquet

여름에 들어도 더워 보이지 않는
붉은 색감의 여름 부케

붉은 색감의 부케는 보통 가을이나 겨울에 많이 찾으시는데요, 여름에도 붉은 색감의 부케를 들고 싶어 하시는 신부님들께 추천하는 부케예요. 마타도하장미를 이용한 붉은 톤의 부케를 만들어볼게요.

Materials	Tools
마타도하장미	바인딩와이어
블랙 코스모스	플로럴테이프
스카비오사(옥스포드)	꽃가위
천일홍	리본
모나르다	

How to make

1. 마타도하장미 세 송이를 삼각형으로 모아 잡고 모나르다°를 마타도하장미 주변에 넣어줍니다.

2. 천일홍은 마타도하장미보다 낮게 서너 송이를 함께 넣어주고, 블랙 코스모스는 높게 넣어줍니다.

3. 천일홍 밑으로 마타도하장미를 넣어 옆면이 곡선을 이룰 수 있게 한 후 스카비오사를 옆에 붙여줍니다.

4. 마타도하장미끼리 붙지 않도록 나머지 꽃들을 중간에 촘촘하게 채워줍니다.

5. 블랙 코스모스와 작은 봉오리들은 마타도하장미 위로 풍성하게 넣습니다.

6. 마타도하장미를 기준으로 장미보다 낮은 높이의 꽃과 장미보다 높은 높이의 꽃이 확실히 구별되도록 합니다.

How to make

7. 전체적인 부케의 모양이 구형이 되도록 풍성하게 채웁니다.

8. 부케의 크기와 느낌을 고려하여 줄기는 짧게 자르고 발랄한 색감의 벨벳 리본으로 포인트를 주었습니다.

14.

Vintage Pink Bouquet

빈티지한 색감을 살린
핑크 부케

저는 부케만 봐도 어느 시기의 결혼식인지 알 수 있는 계절의 특정한 꽃을 사용한 부케를 좋아해요. 이번 부케는 쿠루쿠마와 위성류로 6월의 초여름을 표현해보았어요.

Materials		Tools
하트앤소울장미	델피니움	바인딩와이어
쿠루쿠마	헬레보루스	플로럴테이프
위성류	겹튤립	꽃가위
샤만트장미		리본

How to make

1. 하트앤소울장미 두 송이와 겹튤립 한 송이 사이에 쿠루쿠마와 델피니움을 넣어줍니다.

2. 사진처럼 헬레보루스와 샤만트장미를 삼각형 형태가 되도록 넣어줍니다.

3. 이 꽃들을 기준으로 쿠루쿠마 한 송이, 하트앤소울장미 한 송이를 아래에 바짝 붙여줍니다.

4. 오른쪽 아래에 델피니움과 장미 한 송이를 더 넣어줍니다.

5. 부케 하단에 샤만트장미, 쿠루쿠마, 겹튤립, 헬레보루스를 차례대로 넣어줍니다.

6. 하트 모양에 가까워진 부케 형태가 되었다면 바인딩을 한 번 해줍니다.

7. 작은 꽃이 달린 헬레보루스를 골라 라인감을 추가합니다.

8. 위성류를 적당히 다듬어 부케 가장자리에 길게 넣어줍니다.

How to make

9. 여러 방향으로 돌려보며 높낮이를 수정합니다.

10. 완성된 모습입니다.

15.

Clematis & Euphorbia Mix Bouquet

꽃 위를 나는 나비처럼
클레마티스와 유포로비아 믹스 부케

본 책에 나오는 부케들 중에서도 가장 쉽게 만들 수 있는 클레마티스와 유포로비아 믹스 부케예요. 들어가는 꽃의 종류도 간단하게 구성했으니 비슷한 꽃들로 응용해 연습하기 좋을 거예요.

Materials
유포로비아
벨클레마티스
염색 튤립
팅커벨장미
가을 설유

Tools
투명테이프
꽃가위
면 왁스끈
주자리본

How to make

1. 유포르비아 줄기 아랫부분의 잎을 정리합니다.

2. 유로포비아 줄기에서 너무 벌어진 줄기는 투명테이프로 모아 붙여 줍니다.

3. 유포르비아 한 대를 더해 총 두 대를 일자로 붙여 고정합니다.

4. 유포르비아의 빈 곳을 채우듯 벨클레마티스를 끼워줍니다. 벨클레마티스의 줄기는 얇고 약해서 무리하게 잡아당기면 부러지기 쉬우니 조심히 다룹니다.

5. 이 두 가지 꽃만으로도 예쁜 부케가 되지만 다른 꽃들도 넣어보겠습니다.

6. 염색 튤립과 팅커벨장미를 사진처럼 양쪽에 넣어줍니다.

7. 붉게 물든 가을 설유화를 높게 넣어 라인감을 줍니다.

How to make

8. 바인딩한 후 길게 잡은 부케 모양에 맞춰 전체 줄기의 길이도 길게 잘라줍니다.

9. 리본으로 마무리합니다.

부케 줄기 연출법 5

How to wrap a bouquet #5

유포로비아 꽃색과 맞춘 면 왁스끈과 3mm 두께의 주자리본을 준비합니다.

면 왁스끈과 주자리본을 함께 잡고 위에서 아래로 줄기를 커버합니다.

바인딩한 투명테이프가 거의 가려질 정도까지 여러 번 감아 올려 줍니다.

자연스럽게 매듭을 짓고 길이를 정리해 마무리합니다.

LA FLOR Lesson

부케에 사용하는 리본 색 쉽게 고르기

수많은 종류의 색과 굵기의 리본 중 어떤 것을 골라 구입해야 할지 어려워하는 분들이 있어요. 전체적인 꽃의 색감과 비슷한 색의 리본을 선택하거나, 여러 색이 섞인 부케라면 한 가지 포인트 색에 맞춰 리본을 선택해보세요. 실패 없는 리본 색을 고를 수 있답니다.

16.

Wild Vintage Bouquet

야외에서 더 빛나는
와일드 빈티지 부케

보통 웨딩 부케는 가로 20~30cm 사이의 크기로 많이 만들지만 이번 부케는 이보다 세 배 정도 더 크게 만들어 야외 예식에 어울리는 분위기 있는 부케로 만들었어요. 짙은 염색 튤립과 갈대로 빈티지한 느낌이 물씬 나는 부케를 만들어볼게요.

Materials		Tools
심비디움	가을 설유	바인딩와이어
홍화목	염색 카네이션	꽃가위
아스파라거스	다정금	망사 리본
아스틸베	바다갈대	
오크잎		

How to make

1. 심비디움 꽃 중 상처가 있거나 너무 아래에 달린 것은 제거합니다.

2. 심비디움 두 줄기와 홍화목은 퍼진 모양으로 잡아줍니다.

3. 적당히 다듬은 아스파라거스는 아래 방향으로, 아스틸베와 오크잎은 심비디움 가까이에 넣어줍니다.

4. 홍화목과 어울리는 색으로 준비한 염색 카네이션과 가을 설유는 길게 넣어줍니다.

16.

5. 염색 카네이션 두세 송이는 왼쪽 가까이 모아주고 아스틸베와 다정금 잎은 퍼지게 넣어줍니다.

6. 바다갈대를 오른쪽 뒷편으로 넣어줍니다. 부케의 정중앙이 아니라면 오른쪽이 아니더라도 취향에 맞게 넣으면 됩니다.

7. 꽃을 중앙으로 끼워 넣을 때는 부케를 거꾸로 들고 넣으면 좀 더 쉽고 편하게 넣을 수 있습니다.

8. 아래쪽에 아스파라거스를 추가하여 잎의 모양이 잘 부각되도록 완성합니다.

How to make

LA FLOR Lesson

큰 사이즈의 부케를 만들 때는 전체적인 모양을 보는 데 한계가 있으니 손에 들고 보는 것보다 거울에 비추어 보면서 만들면 도움이 돼요.

아스파라거스 잎은 다른 꽃에 끼인 느낌이 들지 않도록 다른 꽃보다 높게 올리거나 부케의 가장자리로 빼주면 몽글몽글한 특유의 모양이 잘 표현될 수 있습니다.

부케 줄기 연출법 6

How to wrap a bouquet #6

1. 넓은 폭의 나일론 망사 리본 두 가지를 준비합니다.

2. 리본을 80cm 이상 길이로 길게 잘라 바인딩한 부분에 서너 번 감아줍니다.

사진처럼 민트색 리본과 회색 리본을 교차로 묶어줍니다.

리본 처리 없이 매듭을 짓고 잘라 마무리합니다. 짧게 자르는 것보다 길게 늘어뜨리는 것이 더 예쁩니다.

17.

Wedding Chair Decoration

하객을 위한
웨딩 체어 장식

손님들을 위한 꽃 장식이에요. 교회나 성당의 하객 의자에 장식하면 그 자체로도 아름다운 꽃길이 연출돼요.

Materials		Tools
갈잎	디디스커스	치킨와이어
유칼립투스	줄아이비	플로럴폼
사하라센세이션장미	공작초	케이블타이
아네모네	피토스	꽃가위
소국	델피니움	
코스모스		

How to make

1. 치킨와이어를 감싼 플로럴폼을 케이블타이를 이용해 의자에 고정합니다.

2. 갈잎과 유칼립투스를 사진처럼 사방에 채워 전체적인 크기를 잡아줍니다.

3. 사하라센세이션장미를 플로럴폼에 채워줍니다.

4. 아네모네와 소국을 사하라센세이션장미 사이에 넣어줍니다. 이때 소국은 짧은 길이로 꽂아줍니다.

5. 코스모스는 길게 퍼뜨려주고 디디스커스는 사하라센세이션장미 사이로 높게 꽂아줍니다.

6. 유칼립투스를 라인감 있게 꽂아줍니다.

5. 줄아이비 잎 모양이 잘 보이게 꽂아줍니다.

How to make

8-1　　8-2

8.　　공작초와 피토스는 짧게 채워 플로럴폼을 커버하고 델피니움은 길게 꽂아 완성합니다.

How to make

LA FLOR Lesson

치킨와이어로 플로럴폼 감싸는 방법과 사용 예

치킨와이어는 웨딩 아치, 플라워 월, 웨딩 체어 등 플로럴폼을 어딘가에 고정해야 할 때 사용할 수 있습니다. 시중에는 완제품도 판매되고 있으나, 크기나 형태가 다양하지 않고 가격도 높은 편이므로 여러 개가 필요한 경우 다음의 방법으로 용도에 맞게 만들어 사용해보세요.

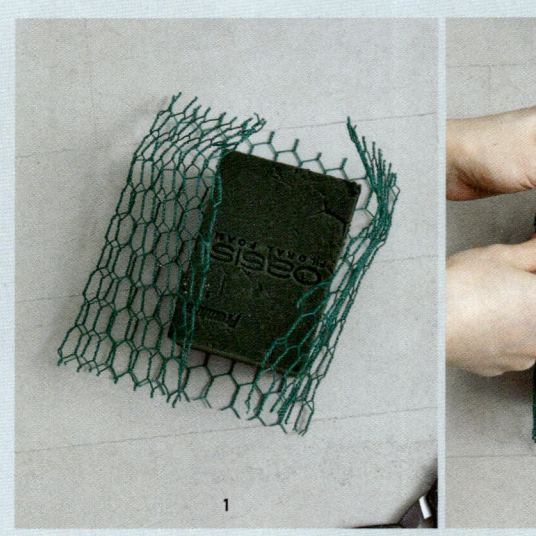 

1. 플로럴폼, 플로럴폼이 완전히 감싸질 크기로 자른 치킨와이어를 준비합니다.
2. 케이블타이로 플로럴폼을 감싼 치킨와이어의 양쪽을 묶어줍니다.

17.

3. 남은 가장자리도 잘 모아 묶어줍니다.
4. 필요 없는 케이블타이는 잘라냅니다.

18.

자투리 소재와 꽃을 활용한
소재 부케

Materials | 웨딩 장식 후 남은 꽃과 자투리 소재

웨딩 장식 후 남은 자투리 소재와 꽃으로도 훌륭하게 만들 수 있는 소재 부케예요. 무심하게 잡은 꽃은 신부님께 깜짝 선물이 될 수 있어요. 신부 대기실에서 사용하거나 토스 부케로도 좋아요.

19.

Wild Flower Bouquet

야외 웨딩 촬영에 잘 어울리는
들꽃 부케

날씨 좋은 초여름, 야외 웨딩 촬영에 어울리는 들꽃 느낌의 자연스러운 부케예요. 노란색은 날씨와 상관없이 사진을 참 화사하게 나오게 해주는 컬러인 것 같아요. 사진에 중점을 둔 부케라면 노란색과 주황색을 사용한 부케를 만들어보세요.

Materials
- 국화(아브론)
- 투베로사
- 개망초
- 페니쿰
- 루드베키아(두 가지 색)
- 마가목
- 귀리
- 금계국
- 아킬레아

Tools
- 바인딩와이어
- 투명테이프
- 꽃가위
- 리본

How to make

1. 마가목 두 대를 모아 잡아줍니다. 무게감이 있어 투명테이프로 두 대를 미리 고정해주면 더 좋습니다.

2. 마가목 열매의 틈으로 루드베키아, 국화, 아킬레아를 넣어줍니다.

3. 개망초, 금계국은 길게 넣어줍니다.

4. 마가목 잎이 베이스이기 때문에 국화 잎은 지저분한 느낌이 없도록 깔끔하게 제거해줍니다.

투베로사의 높이

5. 국화, 투베로사를 먼저 넣은 꽃들보다 조금 더 높게 넣어줍니다.

6. 들었을 때의 옆모습을 생각하며 루드베키아 두 송이를 앞쪽에 돌출되도록 넣습니다.

7. 루드베키아 아랫부분 양옆으로 개망초, 아킬레아를 추가합니다.

8. 국화 한 대와 남은 개망초를 옆으로 길게 넣어줍니다.

How to make

9. 옆에서 바라보았을 때 앞면의 높낮이가 너무 평평하지 않은지 확인합니다.

10. 남은 꽃들과 페니쿰, 귀리를 더해 원하는 만큼 풍성하게 채워줍니다.

11. 완성된 모습입니다.

20.

Pink Mix Bouquet

자유분방한 느낌과 라인감을 살린
핑크 믹스 부케

휘어지고 떨어지는 느낌을 가진 꽃들을 모아 만든 부케예요. 저도 책 작업을 하면서 부케에 처음 사용해본 스타티스(스웰리)는 특히나 이번 부케에서 아주 큰 역할을 해주었어요. 조금 낯설더라도 새로운 꽃들을 과감하게 사용해보시면 늘 만들던 부케에서 벗어난 새로운 부케 디자인으로 만드실 수 있을 거예요.

Materials
- 나리
- 다알리아
- 톱꽃
- 신지매
- 자리공(장녹수)
- 스타티스(스웰리)
- 오이초

Tools
- 바인딩와이어
- 플로럴테이프
- 꽃가위
- 리본

How to make

1. 윗부분만 남기고 다듬은 나리 한 송이를 일자로 세웁니다.

2. 스타티스°, 신지매를 나리와 같은 길이로 펼쳐 잡습니다.

3. 부케 앞부분에 다알리아를 짧게 넣고 오른쪽 옆으로 톱꽃을 넣어 뒷부분과 가운데 부분의 모양을 결정합니다.

4. 오이초와 스타티스를 좌, 우로 골고루 넣어줍니다.

5. 적당히 꽃이 핀 신지매는 꽃이 잘 보이도록 길게 넣어줍니다.

6. 꽃을 양쪽으로만 넣었기 때문에 아직 뒷면은 납작한 상태입니다.

7. 얇은 줄기의 자리공◦을 골라 흘러내리게 표현해줍니다.

How to make

8. 신지매와 자리공으로 사방을 채우다 보면 납작했던 뒷면도 볼륨감 있게 표현됩니다.

9. 부케의 색감과 다른 리본을 골라 포인트를 주어 마무리합니다.

21.

Peony & Hyacin Mix Bouquet

작약과 히아신스로 만드는
믹스 부케

온도나 주변 환경에 따라 만개하는 속도를 예측하기 어려운 꽃 중 하나가 바로 작약이에요. 작약이 만개하더라도 그 자체만으로도 사랑스러운 부케를 만들어볼게요.

Materials	Tools
작약	바인딩와이어
히아신스	플로럴테이프
후록스	꽃가위
글라디올러스	리본
프리저브드 골든볼	
스토크(홑겹)	
학자스민	

How to make

1. 만개한 작약, 와이어링한 히아신스를 양쪽으로 잡습니다.
   ('블루 히아신스 부케' 와이어링 참고 – 20p)

2. 오른쪽 끝으로 글라디올러스를 잡습니다.

3. 스토크와 후록스는 필러 플라워로 사용하여 골고루 빈 곳에 넣습니다.

4. 스토크와 후록스 옆으로 히아신스, 작약을 다시 넣어줍니다.

5. 같은 방식으로 매스 플라워와 필러 플라워를 번갈아가며 채웁니다.

6. 작약, 히아신스의 높낮이를 조금 올려 몽글몽글한 느낌이 잘 나도록 한 후, 학자스민을 길게 넣어줍니다.

7. 부케의 뒷면도 납작하지 않게 채워줍니다.

8. 프리저브드 골든볼○을 꽃 중간에 포인트로 끼워 넣어줍니다.

How to make

9. 22p '블루 히아신스 부케'의 줄기 처리 방법을 참고해 줄기를 보완합니다.

10. 히아신스 길이에 맞춰 줄기를 자릅니다.

11. 리본을 이용해 줄기를 4-5cm 정도 커버하고 길게 늘어뜨려줍니다.

Sweet Pea & Catalina Rose Mix Bouquet

스위트피와 카탈리나장미로 만드는

믹스 부케

국산 스위트피가 가진 라인감을 강조한 부케예요. 책에 소개한 다른 부케들보다 부피감은 작지만 그만큼 앙증맞고 사랑스럽답니다.

Materials	Tools
스위트카탈리나장미	바인딩와이어
망개	플로럴테이프
스위트피	꽃가위
피토스	리본

How to make

1. 스위트카탈리나장미 두 대를 나란히 잡습니다.

2. 피토스와 스위트피를 스위트카탈리나장미의 벌어진 틈에 채웁니다.

3. 스위트카탈리나장미는 장미끼리 높낮이 차이가 많이 나도록 추가합니다. 스위트카탈리나장미 사이의 공간에 스위트피, 망개로 채웁니다.

4. 스위트피의 꼬불꼬불한 줄기가 잘 표현되도록 부케 바깥으로 넣어줍니다.

22.

5. 위에서 보았을 때 원형에 가깝도록 사방을 채웁니다.

6. 남은 스위트피는 스위트카탈리나장미보다 높게 넣어줍니다.

7. 왼쪽으로 피토스, 망개를 몰아 넣어줍니다.

8. 정면에서 바라본 중간 단계의 모습입니다. 스위트카탈리나장미는 부케 중앙에 모아주고 나머지 꽃과 소재들이 사방으로 자연스럽게 퍼지도록 합니다.

How to make

9. 양옆 빈 곳을 채웁니다.

10. 위에서 본 완성된 부케의 모습입니다.

LA FLOR Lesson

꼭 스위트카탈리나장미가 아니더라도 스프레이 타입의 장미 중 알이 큰 종류를 선택해 만들 수 있어요. 꽃 사이의 간격이 많이 떨어져 있는 장미일수록 만들기 쉬워요.

줄기가 곧은 수입산 스위트피 대신 귀엽고 아기자기한 느낌을 더하기 위해 스프레이 타입의 국산 스위트피를 사용했습니다.

* 스탠다드 타입, 스프레드 타입 장미의 비교는 180p를 참고하세요.

Pink Mix Bouquet

한 가지 색감으로 만드는
핑크 믹스 부케

꽃시장에서 오로지 '핑크'라는 색감에만 중점을 두고 사온 꽃들로 만든 부케예요. 색 조합이 어려운 초보자 분들은 하나의 색을 정해 꽃을 구입해 만들어보세요.

Materials		Tools
스카비오사(옥스포드)	튤립	바인딩와이어
글로리오사	캄파눌라	플로럴테이프
헤라장미	초롱꽃	꽃가위
중산국수나무	핑크파티장미	리본

How to make

1. 중산국수나무를 25-30cm 정도씩 잘라 준비합니다.

2. 초롱꽃과 캄파눌라를 중산국수나무 양쪽에 넣어줍니다.

3. 헤라장미ⓞ는 잎을 뒤집어서 넣어줍니다.

LA FLOR Lesson

구입한지 얼마 되지 않은 장미를 억지로 뒤집다 보면 찢어지기 쉬워요. 이럴 때는 장미를 실온에 두어 어느 정도 꽃이 벌어졌을 때 작업하면 찢어짐 없이 사용할 수 있어요.

* 꽃잎을 뒤집는 방법은 162p를 참고하세요.

4. 알이 작은 핑크파티장미○ 한 송이는 부케의 중앙 아랫부분에, 캄파눌라는 오른쪽 옆에 넣어 볼륨감을 줍니다.

5. 포인트로 넣은 글로리오사는 위치를 바꿔보며 어울리는 곳을 찾아 줍니다.

6. 글로리오사의 위치를 정했다면 꽃의 방향이 돌아가지 않도록 중간 단계에서 바인딩해도 좋습니다.

How to make

7. 초롱꽃은 필요한 곳에 최대한 꽃을 살려 사용할 수 있게 부케를 만들면서 다듬어줍니다.

8. 짧은 스카비오사는 부케의 중간에, 긴 스카비오사는 부케 가장자리로 넣어줍니다.

9. 부케의 뒷부분도 캄파눌라와 중산국수나무로 평평하지 않도록 채웁니다.

10. 완성된 모습입니다.

24.

Tulip Bouquet

심플한 구성의
튤립 부케

튤립 세 단을 풍성하게 사용한 심플한 느낌의 부케예요. 포인트가 되는 꽃 하나만으로도 충분히 아름다운 부케로 완성할 수 있어요.

Materials
튤립(세 가지 종류)
안젤로니아(포트)
미니 라넌큘러스

* 미니 라넌큘러스는 꽃이 지고 난 후 시장에 나온 모양입니다.

Tools
바인딩와이어
플로럴테이프
꽃가위
리본

How to make

1.   미니 라넌큘러스를 사용하기 좋은 크기로 잘라 준비합니다. 사진처럼 꽃이 지고 난 후의 라넌큘러스입니다. 잘 엉키고 꺾이기 쉬운 꽃이나 소재는 부케를 만들기 전에 미리 잘 나눠서 사용하기 좋게 분리하면 좋습니다.

2.   일부 튤립은 꽃잎을 뒤집어 사용합니다.

3.   평평한 부케를 만들 것이므로 모두 같은 높이로 잡습니다.

4.   준비한 안젤로니아도 같은 높이로 넣어줍니다.

5. 열 송이 정도를 넣었을 때부터는 오른쪽으로 방향감 있게 튤립을 넣어줍니다.

6. 전체적으로 평평한 높이로 잡아주되 약간의 높낮이 변화를 주면서 잡습니다.

How to make

7. 오른쪽으로 길이감을 주는 과정입니다.

24.

8. 튤립 세 단을 모두 넣어 완성한 모습입니다. 위에서 바라본 부케의 모습을 참고합니다.

9. 리본을 감은 모습입니다. 색이 연한 튤립이 묻히지 않게 비치는 소재의 리본을 사용하여 마무리합니다.

LA FLOR Lesson **꽃잎 뒤집기**

꽃 가까이 줄기를 잡아 튤립이 부러지지 않게 한 손으로 고정하고
튤립의 겉잎부터 한 장씩 차례대로 펴주세요.
냉장고에 보관했던 튤립은 실온에 잠시 두어
튤립의 찬 기운을 없애주면 더 쉽게 뒤집을 수 있어요.

꽃잎을 뒤집을 때
튤립의 종류에 따라 달라지는
꽃잎의 느낌을 느껴보세요.

Vivid Bouquet

다양한 컬러의 조화
비비드 부케

촬영한 날 가지고 있던 여러 색감의 꽃들을 모아 만들어본 부케예요. 후록스, 튤립, 카네이션은 직접 염색해 사용해보았어요.

Materials
- 거베라
- 이끼시아
- 잼
- 헬레보루스
- 해바라기
- 염색 튤립
- 염색 후록스
- 국화(베노오렌지)
- 염색 카네이션
- 스타티스
- 홍화
- 모나르다
- 개나리 잎

Tools
- 바인딩와이어
- 플로럴테이프
- 꽃가위
- 리본

How to make

1. 개나리 잎은 이등분하여 다듬어줍니다.

2. 거베라, 국화를 일자로 세워줍니다.

3. 짧게 자른 스타티스를 국화 주변에 넣고 뒷부분에 염색 카네이션을 추가합니다.

4. 모나르다, 염색 튤립, 염색 후록스를 국화 주변에 넣어 색감에 포인트를 줍니다. 얼굴이 가장 큰 해바라기는 앞쪽에 넣어줍니다.

5. 해바라기 아래쪽으로 국화를 넣어 부케 가장 아래쪽 라인을 정합니다.

6. 국화를 기준으로 같은 라인의 빈 곳을 홍화, 염색 후록스로 채웁니다.

7. 이끼시아, 잼으로 높이감을 줍니다.

8. 부케 뒷면도 남은 꽃으로 잘 채워줍니다.

How to make

9. 헬레보루스°, 이끼시아°, 잼으로 자연스러운 라인감을 더해줍니다.

10. 완성된 모습입니다.

26.

Rose Drop Bouquet

와이어를 사용하지 않는

장미 드롭 부케

와이어링에 소요되는 시간을 단축할 수 있는 부케예요. 물 처리에 제약이 없는 것도 큰 장점이랍니다.

Materials	Tools
마르시아장미 부바르디아 자리공(장녹수)	플로럴테이프 꽃가위 리본

How to make

휘어진 장미

1

2

3

4

1. 측면을 바라보고 작업합니다. 마르시아장미 세 송이와 자리공을 모아 잡습니다. 이때 마르시아장미 사이에 공간이 충분히 남도록 많이 휘어진 마르시아장미를 아래에 둡니다.

2. 마르시아장미 사이에 부바르디아를 채워줍니다.

3. 자리공은 휘어진 방향이 아래를 향하도록 합니다.

4. 꽃을 넣을 때는 위아래로 채워가며 정면에서 보았을 때 옆으로 부피감이 커지지 않게 작업합니다.

신부의 상체와 가까운 쪽

5.   측면에서 바라보았을 때 옆 라인이 잘 채워지도록 부바르디아를 골고루 넣어줍니다.

6.   부케를 들었을 때 신부의 상체와 가까운 윗부분 꽃들은 짧게 넣어 동그랗게 만들어줍니다.

7.   풍성한 볼륨감이 나오도록 남은 마르시아장미를 넣어줍니다.

8.   부케의 상단에 잎이 달린 작은 자리공을 넣어 푸릇한 색감을 더해줍니다.

How to make

9-1

9-2

10

9. 부케의 양옆을 골고루 확인합니다. 앞모습은 거울에 비춰보며 수정합니다.

10. 완성된 모습입니다.

LA FLOR Lesson

드롭 부케에 적합한 장미 고르기

줄기가 얇아 휘어짐이 있는 장미(스프레이, 스탠다드 타입 무관)를 고르면 별도의 와이어링 작업 없이도 장미의 무게만으로도 줄기가 처져 자연스러운 드롭 부케를 만들 수 있어요. 와이어링을 하는 시간도 줄어 작업 시간이 단축되고 와이어링한 부케보다 물 처리가 자유로운 장점도 있어요.

LA FLOR Lesson   스탠다드 타입과 스프레이 타입 장미 비교

스탠다드 장미
* 한 줄기에 한 송이의 꽃이 피어 있다.

스프레이 장미
* 한 줄기에 작은 꽃이 여러 송이 피어 있다.

Oncidium & Calla Mix Bouquet

겨울에만 만날 수 있는 초콜릿 향기
온시디움 환타지아난과 카라 믹스 부케

온시디움의 한 종류인 환타지아난과 카라 두 종류의 꽃만 사용한 부케예요. 환타지아난을 비슷한 느낌의 다른 꽃으로 대체해도 예쁘게 완성할 수 있어요.

Materials	Tools
온시디움(환타지아난)	투명테이프
카라	꽃가위
	리본

How to make

1. 예쁘게 핀 온시디움의 깨끗한 잎 대여섯 개를 화분에서 잘라줍니다. 길이는 길수록 좋습니다.

2. 카라 두 송이는 높이와 방향이 다르게 잡아준 후 온시디움의 꽃과 잎을 하나씩 넣어줍니다.

3. 카라, 온시디움의 꽃과 잎을 번갈아가며 골고루 섞어 잡아줍니다. 이때 카라의 방향은 모두 다르게 합니다.

4. 카라는 방향이 틀어지기 쉬우니 한 번 묶어 고정한 후 아랫부분으로 계속 꽃을 추가합니다.

27.

5. 카라 두 단(열 송이)과 나머지 재료들을 같은 방법으로 아래쪽에 넣어줍니다.

6. 온시디움 잎은 손으로 자연스럽게 휘어줍니다.

7. 위에서 본 카라의 방향입니다.

8. 남은 온시디움의 잎을 조금 더 추가하고 마무리합니다.

How to make

9-1

9-2

9-3

9. 완성된 부케의 모습입니다.

부케 줄기 연출법 7

How to wrap a bouquet #7

1

꽃과 어울리는 색의 리본으로 아래에서부터 꼬임 매듭을 만들어 줍니다.

2

사진을 참고해 바인딩 포인트까지 꼬임을 만들어 마무리합니다. 리본의 간격은 일정할수록 깔끔합니다.

리본을 묶고 적당한 길이로 자릅니다.

28.

Blue & Yellow Mix Bouquet

보색으로 대비되는
블루 & 옐로우 믹스 부케

눈에 확 띄는 색감 구성을 원한다면 보색의 대비를 활용한 부케를 만들어보세요. 기본적인 보색 색상들을 익혀두면 꽃의 조합에 많은 도움이 된답니다.

Materials			Tools	
꽃창포	라벤더		지철사(23호)	
튤립	천조초		바인딩와이어	
델피니움	옥시페탈룸(블루스타)		플로럴테이프	
염색 미스티블루	엔틱 수국		꽃가위	
길리아	스타티스		리본	

How to make

1. 잘 마르는 엔틱 수국에서 작게 한 덩이를 잘라 23호 지철사로 줄기를 연장합니다.

2. 엔틱 수국을 가운데 두고 옆으로 꽃창포를 붙여줍니다.

3. 같은 방법으로 천조초, 옥시펜탈리움, 델피니움을 엔틱 수국 주변에 붙여줍니다.

4. 튤립은 꽃창포○ 주변으로 넣어 색감 변화를 주고 동그랗고 잔잔한 길리아는 꽃창포 옆에 넣어 전체적으로 모양이 산만해 보이지 않게 낮게 잡습니다.

5. 염색 미스티블루를 오른쪽 아래에, 길리아○를 왼쪽 아래에 넣습니다.

6. 부케의 중앙 아래에 엔틱 수국 한 덩이를 1번 설명과 같이 와이어링 한 후 넣어줍니다.

How to make

7. 남은 델피니움, 라벤더, 스타티스 등을 사방에 추가합니다.

8. 델피니움, 튤립의 색 대비가 돋보이게 완성한 모습입니다.

LA FLOR Lesson

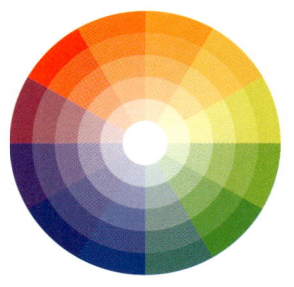

색상환

색상환에서 서로 마주보는 관계의 색을 보색이라고 합니다. 보색 대비의 현상을 이해하면 꽃을 조합하는 데 있어 많은 도움이 됩니다.

* 색상환 : 색의 삼원색인 빨강, 노랑, 파랑을 혼합하여 만들어진 색상을 원으로 표시한 그래프
* 보색 대비 : 보색 관계에 있는 두 색을 같이 놓을 때 서로의 영향으로 더 뚜렷하게 보이는 현상

29.

Lily of the Valley Bouquet

작아도 존재감은 확실한
은방울꽃 부케

부케의 모양을 잡기 어렵다기 보다는 그때 그때의 꽃 상태를 예측하기가 어려워 힘든 부케가 은방울부케이죠. 신부님들의 로망 1순위, 유명인들이 들어 더 잘 알려진 은방울꽃 부케를 만들어볼게요. 은방울꽃에 대한 설명도 첨부하였으니 잘 봐주세요.

Materials	Tools
은방울꽃	바인딩와이어
신지매	플로럴테이프
러스커스	꽃가위
	리본

How to make

1. 중간 정도로 개화한 신지매 서너 줄기를 바깥 방향으로 퍼지도록 모아 잡습니다.

2. 신지매 주변으로 은방울꽃들을 붙여줍니다. 이때 은방울꽃 줄기에 붙어 있는 은방울꽃 잎은 떼지 않고 함께 사용합니다.

3. 은방울꽃의 방향을 골고루 다르게 넣어줍니다.

4. 은방울꽃 옆으로 다시 신지매를 넣어주고 다시 은방울꽃을 넣는 순서로 신지매와 은방울꽃이 골고루 섞이도록 합니다.

5. 은방울꽃의 줄기가 짧기 때문에 라인감이나 정확한 형태에 집중하기보다는 전체적인 형태의 균형이나 꽃들의 어우러짐에 중점을 두고 꽃을 잡아줍니다.

6. 은방울꽃의 잎이 한 쪽으로 쏠려 초록 색감이 한 쪽으로 몰려있다면 러스커스를 넣어 전체적인 색감의 균형을 맞춰줍니다.

7. 은방울꽃 길이에 맞춰 부케의 줄기들을 잘라 리본을 감아줍니다.

LA FLOR Lesson

은방울꽃 물 올리는 법

은방울꽃은 다른 꽃들보다 물 올리는 시간이 긴 편이에요. 하루 정도 충분한 시간을 두고 물 올림을 한 후 작업을 하는 것을 추천해요. 냉장고처럼 낮은 온도보다 실온의 비교적 높은 습도의 환경에서 물 올림을 해야 휘어짐 없이 곧게 물 올림을 할 수 있어요.

은방울꽃 고르는 방법

- 줄기는 최대한 긴 것으로 고른다.
- 잎이 누렇게 변한 것은 피한다.
- 은방울꽃 끝이 마르거나 노랗게 변한 것이나 꽃대의 끝이 축 처진 것은 피한다.

은방울꽃을 실제로 보면 생각보다 부피가 작고 길이도 짧다고 느끼실 거예요. 일반적인 부케의 부피감으로 은방울꽃 부케를 제작한다면 최소 열 단 정도는 필요하니 부케에 들어가는 원가 또한 굉장히 고가에 속하는 꽃이기도 하지요. 부케에 은방울꽃을 꼭 사용하고 싶다면 다른 꽃과의 적절한 믹스를 통해 아름다운 부케를 만들 수도 있어요. 단, 물 올림을 충분히 하고 만든 부케라 하더라도 예식장의 환경에 따라 물 내림이 빠를 수도 있으니 은방울꽃을 메인으로 선택하신 신부님들께는 신부 대기실이나 식전 촬영용으로 사용할 서브 부케를 함께 추천드리기도 해요.

30.

다양한 조합으로 완성하는
코사지

혼주가 사용하는 코사지예요. 부케를 만들고 남은 꽃을 이용할 수도 있고 신랑의 부토니에로, 혼주의 코사지 외에도 용도에 따라 행사용 코사지로도 멋지게 만들 수 있답니다.

LA FLOR Lesson   코사지 부착 재료들

T핀 마무리 방법

자석 마무리 방법

진주핀 마무리 방법

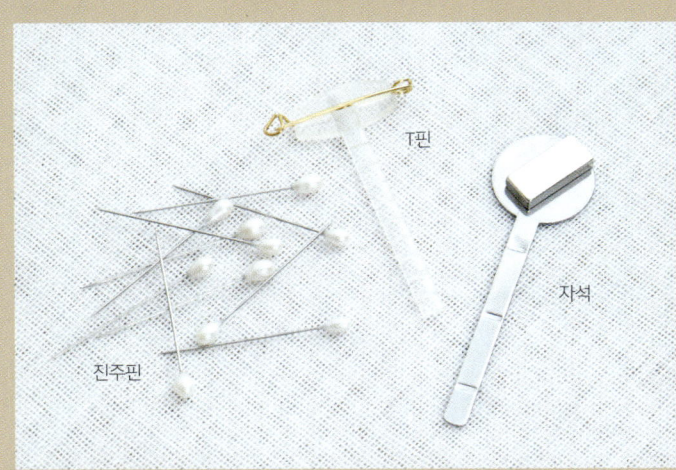

코사지를 만들 때 사용하는 부자재들

Orchid Bouquet

흔하지 않은 특별함
호접란 부케

남들과 다른, 흔하지 않은 특별한 부케를 찾는 신부님들께 추천하고 싶은 모양의 호접란 부케예요.

Materials
오렌지 호접(포트)
줄호엽
다알리아
아스그레피어스
아미초
스마일락스
톱꽃
카라

Tools
지철사
바인딩와이어
플로럴테이프
꽃가위
리본

How to make

초록 실

1. 스마일락스는 약 60cm 길이로 자른 후 중심에 있는 초록 실을 제거합니다.

2. 촘촘하게 나 있는 잎들을 걸러 하나씩 다듬으며 줄기의 잎을 다듬어 줍니다.

3. 오렌지 호접 포트에서 호접 줄기를 길게 잘라 줍니다.

4. 오렌지 호접 두 줄기의 꽃이 자연스럽게 연결되도록 잡고 스마일락스와 함께 바인딩합니다.

31.

5. 오렌지 호접 두 줄기와 스마일락스가 따로 떨어지지 않도록 지철사로 고정합니다.

6. 부케의 아래에 달아줄 오렌지 호접을 두 송이 정도 떼어줍니다.

How to make

7. 다알리아 두 송이를 오렌지 호접 양옆으로 하나씩 넣습니다.

8. 톱꽃과 카라를 부케의 중앙 빈 곳으로 넣어줍니다.

9. 같은 방식으로 아미초°, 아스그레피어스°를 부케의 중간 지점에 끼워 넣어 채웁니다.

10. 줄호엽 세 줄기를 부케의 중간, 양옆에 꽃 사이로 끼워줍니다.

How to make

11
12
13

14

11. 스마일락스의 가장 끝에서 3cm 정도 올라오는 위치에 톱꽃○을 넣어 꽃이 스마일락스와 자연스럽게 연결되도록 합니다.

12. 떼어둔 오렌지 호접 한 송이를 스마일락스 끝부분에 플로럴테이프로 붙여줍니다.

13. 스마일락스와 많이 벌어지는 꽃은 사진처럼 와이어나 플로럴테이프로 고정하고 남은 와이어는 깔끔하게 잘라줍니다.

14. 부케 리본은 옆면이 포인트가 되도록 꾸며 완성합니다.

32.

거베라와 튤립으로 완성하는
그룹핑 부케

Materials
거베라
튤립
좁쌀풀
유니폴라
왁스플라워
디시디아버튼
톱꽃

부케 재료로 준비한 꽃들의 종류가 많지 않을 때 쉽게 만들 수 있는 그룹핑 부케예요.
꽃들끼리 한데 모아주면서 높낮이만 변화를 주어도 근사한 부케를 만들 수 있어요.

Natural Green Bouquet

여백의 미
덴드롱 그린 부케

책에 담은 부케 중 여백의 미를 표현하고자 만든 내추럴 부케예요. 소재만으로도 충분히 아름다운 부케가 될 수 있답니다.

Materials			Tools
덴드롱(포트)	몬스테라 잎		바인딩와이어
벨클레마티스	제라늄		플로럴테이프
으름나무	그린 카라		꽃가위
미니 배(열매)	스토크		리본

How to make

1. 농장에서 구입한 덴드롱을 포트에서 잘라 잎을 제거합니다. 절화로 사용할 것이므로 가능하면 꽃대가 많은 것으로 구입하는 것이 좋습니다.

2. 미니 배와 제라늄 잎을 사선으로 잡습니다.

3. 덴드롱을 길게 한 쪽으로 넣습니다. 그린 카라는 중앙에 짧게, 으름나무는 왼쪽에 길게 넣어줍니다.

4. 스토크는 뒷편에 볼륨감을 위해 채워주고, 앞쪽에는 덴드롱 꽃을 잘 보이도록 넣어줍니다.

5. 위에서 바라본 모습입니다.

6. 라인감이 중요한 부케이므로 벨클레마티스를 양옆으로 길게 빼줍니다. 이때 벨클레마티스의 길이는 한 쪽이 더 길어보이도록 비대칭으로 넣어줍니다.

7. 잎이 예쁘게 달린 으름나무 가지를 골라 왼쪽으로 높게 올려줍니다.

8. 잘라둔 몬스테라 잎을 부케 가장 아래쪽으로 넣어 무게감을 더해줍니다.

How to make

9-1

9-2

9. 완성된 모습입니다.

LA FLOR Lesson

몬스테라 아단소니

화초 키우기가 취미인 분들이나 플라워숍을 운영하시는 분들은 다양한 종류의 식물을 가지고 계실 텐데요. 가지치기가 필요했던 식물이 있다면 부케에 활용해 보세요.

이번 부케에 넣은 몬스테라 아단소니의 경우 꽃시장에서는 절화로 판매하지 않는 종류예요. 꽃시장이 아닌 식물시장이나 주변을 주의 깊게 보시면 부케나 다른 작품에 활용해볼 만한 것들이 많이 있답니다.

LA FLOR Lesson

절화 시장에는 없는 꽃들 활용하기

이번 책에 실은 안젤로니아와 덴드롱이에요. 두 가지 꽃 모두 절화로 시장에 나오지 않는 꽃으로 식물을 주로 취급하는 농장에 가면 구할 수 있는 꽃들이에요. 좀 더 특별한 구성의 부케를 만들고 싶다면 포트로 판매하는 식물의 꽃들도 활용해 보시길 추천해요.

덴드롱
학명 Clerodendrum thomsoniae Balf

안젤로니아
학명 Angelonia angustifolia

Everyday Flowers : 일상의 꽃

임샛별 지음, 260p, 19,000원

#14만 팔로워가 사랑한 연남동 인기 플라워숍
LA FLOR FLOWER의 감각적이고 세련된 꽃꽂이 스타일링

심플하면서도 세련된 꽃의 조합과 감각적인 스타일링으로 꽃을 좋아하는 많은 이들에게 사랑받고 있는 라플로르의 플라워 어레인지먼트를 클래스 수업을 듣듯 친절하고 상세하게 담았습니다.

Contents

Prologue
LA FLOR FLOWER Arrangement
이 책을 활용하는 법

Before Making Flowers
01. 다양한 꽃을 구매할 수 있는 곳
02. 좋은 꽃 고르는 방법
03. 실패 없는 꽃 조합 방법
04. 기본 도구와 재료

Basic Lesson
01. 꽃다발의 구성
02. 꽃 손질법
03. 플로럴폼 사용법
04. 스파이럴 기법과 바인딩 포인트

Class 01. Hand-Tied Flower
01. 붉은 톤의 미니 다발
02. 남아공 소재로 만드는 큰 꽃다발
03. 가을 닮은 들꽃 한 묶음
04. 사랑의 꽃말을 담은 리시안셔스 50송이
05. 파스텔 톤으로 완성하는 수국 꽃다발
06. 장미가 돋보이는 심플한 다발
07. 두 가지 장미로 만드는 근사한 꽃다발
08. 겨울철 인기 디자인, 튤립 꽃다발
09. 겨울의 화사한 색감을 담은 꽃다발

Class 02. Flower Vase
01. 낮은 화기에 꽃는 화병 속 정원
02. 포트 식물을 활용한 여름 화병 꽂이
03. 테이프를 활용한 화병 꽂이
04. 자연줄기를 활용한 화병 꽂이
05. 과일도 꽃처럼, 라운드 센터피스
06. 파티 테이블에 어울리는 테이블 센터피스
07. 나무껍질로 감싼 커버드 센터피스

Class 03. Flower Box & Basket
01. 수국으로 만드는 오픈형 플라워박스
02. 상자에서 피어나는 꽃
03. 히아신스 향기를 가득 머금은 꽃바구니
04. 소재를 가득 담은 들꽃 바구니
05. 한 가지 톤으로 와인을 돋보이게 하는 와인바구니
06. 라플로르 인기 색감 오렌지블루 틴 바스켓
07. 10분만에 완성하는 과일바구니

Class 04. Bouquet
01. 작약으로 만드는 겨울 웨딩 부케와 부토니에르
02. 두 가지 꽃만으로 근사한 웨딩 부케와 부토니에르
03. 소재로 만드는 웨딩 부케

Class 05. Wreath
01. 자투리 소재를 활용해 만드는 미니 드라이 리스
02. 프리저브드 재료를 활용한 예쁘게 마르는 리스
03. 촛대를 넣은 테이블 리스
04. 은은하게 나는 나무 향기 오너먼트 리스

Class 06. Event Flower
01. 드림캐처
02. 저그 센터피스
03. 자연줄기로 만드는 화관
04. 수국 파티 센터피스

LA FLOR FLOWER Special Tip
01. 3가지 방법으로 연출하는 부케 매듭법
02. 풍성하고 화려한 꽃다발 포장법
03. 간단하고 세련된 꽃다발 포장법
04. 포장지, 리본 활용법